GEORGES ROSE FILS

Don Juan de Montmartre

VAUDEVILLE EN UN ACTE

Représenté pour la première fois à Paris, à la GRANDE ROUE,
au CASINO DES CHARMETTES, à l'ÉDEN DES GOBELINS...

3 H.   3 F

Visa du 7 Février 1902

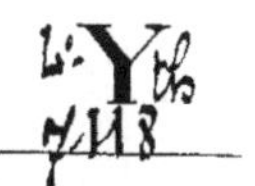

PARIS

C. JOUBERT, Éditeur, 25, rue d'Hauteville.

Répertoire de la Société Lyrique.

Tous droits de traduction, de reproduction et de représentation réservés **pour tous pays.**

1

Anciennes Maisons BRANDUS & JOUBERT réunies

C. JOUBERT, Successeur

ÉDITEUR DE MUSIQUE

PARIS. — 25, Rue d'Hauteville, 25. — PARIS

RÉPERTOIRE

DES OUVRAGES DE CONCERT EN UN ACTE

ABRÉVIATIONS : D. Veut dire du répertoire de la Société Dramatique, 8, rue Hippolyte Lebas. — Le surplus appartient au répertoire de la Société Lyrique, 10, rue Chaptal.

LOC. Veut dire : La musique n'est qu'en location et ne se vend pas.

Opérettes et Vaudevilles de Concert

AUTEURS	TITRES DES ŒUVRES	Hommes	Femm	Prix nets
Saint-Maurice.	Abricot (L') d	troupe	»	loc.
D. Campisiano..	Absalon	2	1	6 »
Guillemaud..	Adrien n'aime pas le Piano.	3	1	loc.
Vallès-Garnier.	Affaire Cœurdeveau (L').	5	1	loc.
St-Paul-G. Rose fils.	Agence est au-dessus (L').	3	3	loc.
F. Bernicat..	Agence Rabourdin (L').	1	1	5 »
Moreau....	Ah! c'te Veine d.	7	7	loc.
Japy....	A huitaine..	troupe	»	5 »
C. Roland...	Aiguilleur (L') d	1	1	loc.
Bessière....	A la Caserne	6	2	loc.
Lebreton-Bouvet	A la légion étrangère d.	troupe	»	loc.
L. Bouvet...	Ami Chambardel (L')	3	1	loc.
Bessière-Ruffier.	Ami Vandière (L) d	7	6	loc.
Lebreton...	Amour à coups de poings (L').	2	2	loc.
Lebreton-St-Paul.	Amour en dentelles (L').	2	2	loc.
G. Street...	Amour en livrée (L').	3	1	5 »
Desormes...	Amour et l'appétit (L').	1	1	4 »
Vallès-Garnier..	Amour et sauvetage.	3	2	loc.
A. Petit....	Amoureux d'Yvonne (Les) d.	5	3	5 »
V. Roger....	Amour Quinze-Vingt (L')	3	1	4 »
Dottin, Boulay-Layrice.	Amours d'un piston (Les)	3	2	loc.
M. Gribinski..	Annonce (L')	3	3	loc.
Desormes.	Antoine et Cléopâtre d..	2	1	4 »
Bessier-Moreau..	Aphrodites (Les) d..	4	8	loc.
Dorfeuil-Moreau	Après la vie de Bohême d.	troupe	»	loc.
L. Bouvet...	A propos de bottes	2	»	loc.
J. Emmecé...	A qui le gosse?...	troupe	»	loc.
Monnery-Marien.	Argot tel qu'on le parle (L)	5	3	loc.
M. Chautagne..	Arracheuse de dents (L').	2	1	4 »
Dourel, Roydel, Monjardin	Artistes pour rire d.	6	4	loc.
Géraldy...	Ascension du Mont-Blanc (L').	1	1	4 »
L. Martin-Duhem	Auberge du Tambour battant (L')	2	2	loc.
Dudot-de Gorsse	Au Chat qui pelote d.	troupe	»	loc.
Danès..	Au Coq huppé.	3	2	5 »
Uzès....	Au soleil d'or d.	3	2	6 »
Lebreton-Moreau	Au temps des cerises d.	5	3	loc.
Guérineau...	Auteur par amour.	1	2	5 »
Lebreton-Moreau	Autour d'une guérite d.	3	2	loc.
Henry Moreau..	Avant le bal.	1	1	3 »
Co onge, Garofalo, Combret	Baba Bouzouck d.	5	6	loc.
Deransart...	Baigneur et nageuse.	1	1	3 »
Autigeon, Dourel-Roydel.	Baigneuses de Cocotteville (Les)	5	9	loc.
Moreau....	Falayeur de chez Maxim's (Le) d	7	8	loc.
Rose fils et Ryvez	Banquier malgré lui	3	3	loc.
Leserre..	Barbe-Bleue.	1	»	2 »
Raicée-Tranchant..	Bataillon Desroches (Le) d	10	10	loc.
Autigeon-Desplau...	Battage (Le) d	2	1	loc.
A. Moyne..	Béguin d	2	1	loc.
Mestre-Aubry.	Belle Dinde (La) d	9	11	loc.
De Marsan.	Belle-mère apprivoisée (La)	4	3	loc.
Lebreton-St-Paul.	Belle-mère est sans pitié (La).	2	2	loc.
Moreau-Touzé.	Belle-mère, nouveau jeu.	1	3	loc.
Wachs.	Bibi ou l'Enfant de l'Amour.	1	1	4 »
Cellier-Joullot	Boudoir discret.	2	1	loc.
Moreau-Gramet.	Bougnol et Bougnol.	4	2	loc.
Villebichot..	Boum! Servez chaud.	3	2	4 »
Aubans.	Brelan de bègues.	2	1	5 »
F. Bernicat..	Cadets de Gascogne	troupe	»	7 »
Danès.	Cadiguette (La).	1	1	5 »
Saint-Paul.	Cage de l'Oncle Tom (La)	2	2	loc.
Lebreton....	Caïn	3	2	loc.
Javelot....	Calino amoureux.	2	1	3 »
Lebreton et Soudant...	Camelots (Les).	6	5	loc.
Chevalet-Audray	Canne d'un grand homme (La) d	2	2	loc.
Lebreton-Moreau	Ça porte bonheur	5	3	loc.
V. Herpin....	Capricorne (Le).	troupe	»	loc.
F. Barbier..	Carmagnole (La).	3	3	5
Lebreton-Moreau	Carnaval conjugal (Le) d.	9	9	loc.
A. Berthon...	Carnaval des 4 z'arts	6	2	loc.
Levavasseur.	Carte de visite (La)	3	3	loc.
Autigeon-Despiau...	Cascadin et Cie	6	5	loc.
Chaband, Cologne Tranchant	Ce pauvre Bobinet.	2	1	loc.
De Marsan.	Ce Sacré Narcisse.	4	4	loc.
E. Soudant....	Ces canailles de couturières! d	6	6	loc.
Chelu.	Chambre à louer.	1	1	2 »
Cuvillier....	Chambre à part d.	4	2	loc.
Henry Moreau.	Chambre de bonne d.	3	2	loc.
L. Bouvet.	Chanson de Florentin.	3	2	loc.
V. Roger....	Chanson des Ecus (La).	3	1	4 »
P. Henrion...	Chanteuse par amour (La) d.	»	1	6 »
E. André.	Chaos (Le).	4	4	4 »
Moreau-Boucherat..	Chasse royale d.	troupe	»	loc.
Lebreton-Moreau	Chasseurs Alpins (Les) d	6	6	loc.
Cieutat.	Chaste Suzanne (La) d.	troupe	»	4 »
H. Gilbert...	Chaste Suzanne.			
Yvel...	Chéri des Dames	4	2	loc.
Dourel, Roydel, E. René	Chevalier Tric-Trac (Le)	2	8	loc.
Dourel-Roydel.	Chez la Costumière d.	troupe	»	loc.
Meynard	Chez le dentiste.	3	1	3 »
Lhuillier	Chez les Corniquet.	1	»	1 »
C. Rosenquest.	Chicard et Bébé.	1	1	1 »
Bomier.	Chien et Chat d.	4	1	5 »
Boulay-Layrice.	Choc en retour d.	2	2	loc.
Moreau-Gramet.	Cinq contre un.	3	3	loc.
E. Brasseur-L.T.	Circulaire du Préfet (La)	6	2	loc.
Villebichot...	Cirque Ponger's (Le).	troupe	»	8 »
L. Bouvet..	Clémence d'Auguste (La)	2	2	loc.
Bessière..	Clou (Le)	2	2	loc.
L. Collin.	Coco Bel-Œil	3	1	6 »
A. Petit.	Cocotte et chiffonnier	1	1	5 »
L. Bouvet.	Codicille (Le).	4	4	loc.
Villemer Delormel Péricaud	Colosse de Rhodes (Le)	3	»	4 »
A. Petit.	Confections pour dames.	2	4	loc.
L. Bouvet-Schmoll	Congrès des Cocottes (Le)	5	7	5 »
Lebreton-Moreau..	Conscrits bretons (Les) d	7	5	loc.
L. Collin.	Conscrit tyrolien (Le)	1	1	3 »
E. Brasseur.	Constat d'adultère d	6	3	3 »
Habrekorn et P. Marc	Contes de Piron (Les)	2	10	loc.
Lebreton-Moreau	Contrôleur des Wagons-Bars (Le)	5	3	loc.
Ryvez..	Cordon s'il vous plait.	3	3	loc.
Lebreton-Moreau..	Cote et Cocottes.	4	4	3 »
C. Roland.	Courroie (La)	2	1	loc.
J. Marc et G. Habrekorn	Course aux pantalons (La) d	6	4	loc.
Habrekorn.	Couturière est au-dessus (La)	2	5	loc.
G. Cellier et E. Joullot.	Couverture (La)	4	3	loc.
Mize et Saintis	Crocodile a des scrupules (Le)	3	3	loc.
Guillemaud-de Marsan..	Culotte à l'envers (La) d	15	10	loc.
De Roze et d'Arsay	Culotte du marié (scène) (La).	1	»	1 »
Saint-Paul.	Dame aux bluets (La).	2	2	loc.
Lebreton-Moreau..	Dans cent ans d.	troupe	»	loc.

GEORGES ROSE FILS

Don Juan
de Montmartre

VAUDEVILLE EN UN ACTE

*Représenté pour la première fois à Paris, à la GRANDE ROUE,
au CASINO DES CHARMETTES, à l'ÉDEN DES GOBELINS.*

3 H. 3 F

VISA DU 7 FÉVRIER 1902

PARIS

C. JOUBERT, Éditeur, 25, rue d'Hauteville.

Répertoire de la Société Lyrique.

RÉPERTOIRE GEORGES ROSE FILS

Auteur

Pièces en un Acte

Chez **JOUBERT**, Éditeur, 25, rue d'Hauteville, 25, **PARIS**

Saison 1901-1902

A LA SOCIÉTÉ LYRIQUE

Agence générale, 10, rue Chaptal

		Hommes		Femmes.	
PEINTRE DE TALENT, *vaudeville*		2	—	3	—
DON JUAN DE MONTMARTRE, *vaudeville*.		3	—	3	—
L'HOMME EXPLOSIBLE, *vaudeville bouffe*.		2	—	2	—
LE SUIS-JE ? *vaudeville*.		2	—	1	—
LES APPARENCES, *vaudeville*.		4	—	4	—
NOUS ALLONS CHEZ LES DURAND, *vaudeville*		1	—	1	—
LE PRESTIGE DE L'UNIFORME, *vaudeville militaire* (avec Ryvez).		4	—	2	—
LE GREFFEUR, *vaudeville militaire* (—).		4	—	3	—
LE BANQUIER MALGRÉ LUI, *vaudeville* (—).		3	—	2	—
QUE MADAME N'EN SACHE RIEN, *vaudeville*. (—).		2	—	2	—
TROUVEZ-UN PÈRE ! *vaudeville*. (—).		4	—	5	—
FAIS-ÇA POUR MOI, *vaudeville* (avec Saint Paul).		3	—	2	—
POUR AVOIR LA FILLE, *vaudeville*. (—).		4	—	3	—
« ORDONNANCE » MALGRÉ LUI !.. *vaudeville* . (—).		3	—	2	—
LA DERNIÈRE CAROTTE, *vaudeville* (—).		3	—	2	—
L'AGENCE EST AU-DESSUS, *vaudeville*. (—).		3	—	3	—
LA DAME AUX BLUETS, *vaudeville* (—).		2	—	2	—
L'HOTEL DES FANTOMES, *vaudeville bouffe* . (—).		3	—	1	—
DURANDARD EST BON GARÇON, *vaudeville* . (—).		3	—	2	—
TERRIBLE AFFAIRE ! *vaudeville*. (—).		3	—	2	—
DIVORCERONS NOUS ? *vaudeville* (—).		3	—	2	—

DON JUAN DE MONTMARTRE

Vaudeville en Un Acte

De M. Georges ROSE Fils

DISTRIBUTION

	Grande Roue	Casino des Charmettes	Eden des Gobelins
DUPONT, 50 ans	MM. Chaumont.	MM. Hardiss.	MM. St Omer.
ANATOLE PERRIN, 22 ans	Petit Dranem.	Dervil's.	Fargeaux.
D'ARGNAC, 40 ans . . .	Darmental.	Mauréal.	Hali.-Beert.
SOPHIE, 45 ans	Mmes Gabriella.	Berthe Briant	Her.
CHICHINETTE, 25 ans . .	Lily Destray.	Syldi.	Yette Ancenis
ANGÈLE, 25 ans	Flamen Rica.	Pauln'ys.	Alza Burard.

A Paris de nos jours, chez Dupont.

Les indications sont prises de la gauche du spectateur, les numéros commencent à gauche.

Droite et gauche du spectateur, les numéros commencent à gauche. Un salon bourgeois, portes au fond, à droite et à gauche 1er et 2e plan, 1er plan gauche, table, de quoi écrire, chaises de chaque côté de la table, à droite canapé.

SCENE PREMIERE

Anatole, *puis* Sophie.

Anatole, *1, assis, tournant le dos à la chambre de Sophie, il écrit.*

La morale est la base de toute société civilisée.

Sophie, *venant du 2e plan gauche en peignoir.*
Monsieur Anatole.

Anatole, *1.*
Madame ?

Sophie, *descendant n° 2.*
Monsieur Dupont n'est pas avec vous ?

Anatole
Je n'ai pas vu monsieur Dupont ce matin.

Sophie
Quelle heure est-il donc ?

Anatole
Neuf heures !

Sophie
Il fait la grasse matinée, pourtant aujourd'hui !

Anatole
Aujourd'hui ?

Sophie
Aujourd'hni, c'est ma fête... c'est la Sainte Sophie, et depuis vingt ans que nous sommes mariés, jamais monsieur Dupont n'avait manqué de me souhaiter ma fête à mon réveil. Lorsque nous faisions lit commun il m'éveillait bien doucement avec de doux baisers, puis il m'offrait un cadeau, et, depuis que nous faisions chambre à part, il venait toujours de grand matin me retrouver le jour de Sainte-Sophie.

Anatole
Monsieur Dupont aura travaillé tard.

Sophie, *se levant.*
Travaillé !... lui,... à quoi ?

Anatole, *se levant.*
Au traité de morale.

Sophie

Il ne sait même pas ce qu'il y a dedans, c'est vous qui écrivez, c'est lui qui signe.

Anatole

Pourtant !

Sophie

Ne le défendez pas, et, puisqu'il n'est pas venu, c'est moi qui irai ! *(Elle ouvre la porte 2ᵉ plan droite.)* Paù, pol !..

Anatole, *à part.*

Po, po ?...

Sophie, *toujours en scène.*

C'est moi, phie.... phie !...

Anatole, *à part.*

C'est touchant !

Sophie, *à Anatole.*

Il a le sommeil dur ! *(Entr'ouvrant la porte.)* Voyons Paupol. *(Elle entre dans la chambre.)* C'est ta Sophie chérie.

Anatole, *gagnant le milieu de la scène.*

C'est beau après vingt ans de mariage.

Sophie, *à la cantonade.*

Ah ! le misérable. *(Entrant en scène.)* Le gueux, le scélérat, le monstre.

Anatole

Qu'y a t-il ?

Sophie

Ce qu'il y a ! Vous me demandez ce qu'il y a ?... Il y a ! ! Qu'il n'y a personne ! !

Anatole

Pas possible !

Sophie

Il a découché...

Anatole

C'est impossible ! Monsieur Dupont est peut-être sorti.

Sophie

Son lit n'est pas défait !

Anatole, *naïvement.*

Il l'a peut-être fait avant de partir !

Sophie, *passant 1.*

Ne cherchez pas à me donner le change, il me trompe moi, moi, sa femme.

Anatole, *2.*

Ça arrive tous les jours ces choses là !

Sophie

Vous dites ?...

Anatole

Moi ?.. rien !..

Sophie

Cela crie vengeance, ah ! Monsieur Dupont, vous avez une maîtresse, vous me trompez avec une femme !.. Car c'est avec une femme qu'il me trompe, Ah ! Monsieur Dupont, vous découchez ! Eh bien ! œil pour œil !

Anatole

Voyons, Madame, ne vous montez pas la tête, vous devez vous tromper.

Sophie, *continuant sur le même ton.*

Et, le jour de ma fête, un jour de sainte Sophie où tous les ans nous...

Anatole

Vous ?...

Sophie, *pleurant, elle passe 2, et va s'asseoir sur le canapé.*

Que je suis malheureuse !..

Anatole, *à part, 1.*

Bon, les grandes eaux !

Sophie

Je suis trompée, délaissée ! Ah ! Anatole, mon bon Anatole, vous n'avez pas de maîtresses, vous, au moins ?

Anatole

Ah ! Madame, pour qui me prenez-vous ? Des maîtresses, pouah !..

Sophie, *se levant.*

C'est bien la peine d'avoir été vertueuse toute sa vie ; heureusement que vous êtes là pour me consoler... tenez, souhaitez-moi ma fête ! *(Elle ouvre les bras.)*

Anatole

Pas avant Monsieur Dupont.

Sophie

Ce sera sa punition... venez m'embrasser.

Anatole, *à part.*

Quelle corvée. *(Haut)* Avec plaisir ! *(Il l'embrasse).*

Sophie

Comme vous embrassez bien !

Anatole

Hein !

Sophie

Dites, embrassez-moi encore.

Anatole, *à part.*

Seconde tournée. *(Il l'embrasse).*

Sophie, *le tenant dans ses bras.*

Heureusement que vous êtes là... que je puis compter sur votre affection !

Anatole

Certainement ! *(A part)* Où veut-elle en venir ?...

Sophie, *soupirant.*

Ah ! Anatole ! Anatole !!

Anatole, *à part.*

C'est une crise.

Sophie, *se dégageant.*

Il faut que nous nous vengions.

Anatole

Nous ?

Sophie

Oui nous, vous et moi.

Anatole

Hein !

Sophie

J'ai mon idée. Je rentre dans ma chambre, et ne suis visible pour personne. Ah ! Monsieur Dupont, vous manquez à tous vos devoirs un jour de Sainte-Sophie, eh bien ! vous ne me verrez pas de toute la journée, vous pourrez pleurer, vous traîner sur les genoux, je m'enferme... je vais préparer ma vengeance... Tenez, Anatole, il faut que je vous embrasse.

Anatole, *à part.*

Encore c'est une maladie. *(Ils s'embrassent.)*

Sophie.

Anatole, vous viendrez me souhaiter ma fête chez moi, en tête à tête... *(A part)* La voilà ma vengeance. *(A la porte)* A bientôt ! *(Elle sort, 2ᵉ plan gauche).*

SCÈNE II

Anatole, *seul.*

Je n'ose comprendre, elle et moi... j'ai mal entendu ou mal compris. Ah ! non ce ne serait pas la peine d'être resté vertueux jusqu'à mon âge, d'être resté pur comme l'enfant qui vient de naître, pour sacrifier ce que seule ma femme doit posséder, le jour du mariage ! . Monsieur Dupont agit bien mal, tromper sa femme, quelles mœurs ! grands dieux ! quelles mœurs ! *(Il retourne s'asseoir à son bureau.)* Remettons-nous à l'ouvrage, et oublions, c'est un rêve ; ah ! il faudra que j'aille acheter un bouquet de quinze sous, j'avais complètement oublié la Sainte-Sophie. *(Il se remet à écrire, on frappe)* Tiens, Monsieur Dupont n'aura pas pris sa clé. *(Il va ouvrir. D'Argnac entre du fond.)*

SCENE III

Anatole, D'Argnac

Anatole, *se levant, 1.*

Ah ! Monsieur D'Argnac. Comment allez-vous ? Et Madame D'Argnac, et Mademoiselle Louise ? Donnez-vous donc la peine de vous asseoir, mon cher beau-père !

D'Argnac, *2, s'asseyant sur le canapé.*

Beau-père, un instant, que diable, rien n'est encore décidé !

Anatole

Je croyais que ?...

D'Argnac

Vous avez tort de croire ; je vous ai promis de faire une enquête approfondie, tant que cette enquête ne sera pas terminée, attendez, pour me donner le titre de beau-père, que je vous appelle mon gendre.

Anatole

Alors, votre enquête n'est pas finie ?

D'Argnac

Non pas encore, quoiqu'elle soit bien près de l'être ; j'ai vu votre concierge qui m'a fait des compliments de vous.

Anatole, *à part.*

Le brave homme.

D'Argnac

Depuis 2 ans que vous habitez son immeuble, il m'a affirmé que vous n'aviez jamais découché, et que vous n'étiez jamais rentré avec le moindre cotillon.

Anatole, *joyeux.*

Vous voyez bien.

D'Argnac

Un instant ; à votre restaurant, mêmes renseignements.

Anatole

Alors ?

D'Argnac

Alors, j'attends pour me prononcer d'avoir vu votre patron, mon ami Dupont Je me demande comment il se fait que vous ayez une semblable réputation. . dès que l'on prononce votre nom d'Anatole Perrin, on ajoute, le Don Juan ; et même le Don Juan de Montmartre.

Anatole

Pourtant, Monsieur D'Argnac, je vous jure, que je suis loin de mériter ce surnom.

D'Argnac

Je veux bien vous croire, mais enfin vous avez une sale réputation, coureur, noceur, etc...

Anatole

Il doit y avoir un autre Anatole Perrin, bien sûr !

D'Argnac

Voyons, je suis un peu pressé ; prévenez Dupont que je l'attends.

Anatole, *très géné.*

C'est que, Monsieur Dupont n'est pas là !

D'Argnac

Il est sorti ?

Anatole

C'est à dire, qu'il n'est pas rentré. (*A part*) Quelles mœurs !

D'Argnac, *à part.*

Neuf heures et demi, je vais jusque chez Chichinette... (*Haut*) Eh bien ! je reviendrai tout à l'heure.

Anatole

Je vous accompagne un bout de chemin, il faut que je commande un bouquet pour la Sainte-Sophie.

D'Argnac, *cherchant.*

Sophie... ah ! la femme de Dupont ! Vous faites bien d'en parler, je l'oubliais ! Allons, venez.

Anatole

Après vous. (*Ils sortent par le fond.*)

SCÈNE IV

Dupont, *entrant 1re plan droite, passant la tête.*

Tiens, personne, je puis entrer ; heureusement que j'avais la clé de l'escalier de service... (*S'asseyant sur le canapé.*) Ah ! quelle nuit, quelle nuit ! Pourvu que personne ne se soit aperçu de mon absence ! Ma femme, pas de danger, elle ne se lève qu'à dix heures, et nous faisons chambre à part. Quant à Perrin, il n'a rien à faire dans ma chambre !.. (*Soupirant*) Ah! Chichinette ! ! Chichinette ! ! il faut bien que ce soit pour toi... dire que depuis 20 ans que je suis marié c'est la première fois que je découche... avant je trouvais toujours un moment le matin, ou l'après-midi, mais avec Chichinette, impossible; son amant, mon ami D'Argnac, ne la lâche pas de la journée, heureusement qu'il ne peut pas découcher, parce qu'Angèle... c'est-à-dire sa femme, s'en apercevrait, alors Chichinette n'est libre que la nuit, et j'ai dû découcher ! Pauvre D'Argnac, il ne se doute pas de ça ; ce dont il ne se doute encore moins, c'est qu'Angèle, sa femme, est aussi ma maîtresse, Angèle et Chichinette .. pour Chichinette, rien à craindre, elle ne me connaît que sous le nom d'Anatole Perrin, mon secrétaire... elle m'a fait lui promettre le mariage, j'ai promis, toujours sous le nom de Perrin ; s'il devait épouser toutes les femmes à qui je promets le mariage en son nom ! *(On frappe)* Tiens ce doit être lui *(On frappe trois coups serrés, puis après un temps un autre coup.)* Je rêve, cette façon de frapper, c'est Angèle ; comment madame D'Argnac à cette heure *(il ouvre)* Comment ! c'est vous, c'est toi.

SCÈNE V

Angèle, Dupont.

Angèle, *entrant du fond, descendant 1.*

Oui, c'est moi, mon mari est sorti ce matin faire une enquête sur un jeune homme, alors j'en ai profité et me voilà.

Dupont, 2.

Quelle imprudence, venir ici, mais ma femme !

Angèle

C'est une amie, je trouverai toujours un prétexte... tu ne m'embrasses pas, tu ne me remercies pas, n'ayant que quelques minutes de liberté, d'accourir te voir !

Dupont, *très gêné.*

Si, si. . c'est gentil... très gentil.

Angèle

Tu dis ça sur un ton...

Dupont

Dâme ! sous le toit conjugal, si près de ma femme, on peut être gêné à moins ..

Angèle

Allons, embrassez vite votre petite Angèle.

Dupont, *l'embrassant*

Justement, j'allais t'écrire, n'ayant pas l'espoir de te voir aujourd'hui... mais assieds toi donc ! *(Il l'entraîne sur le canapé.)*

Angèle, *rêveuse. 1.*

Comme une femme doit être heureuse près de toi ; comme je voudrais pouvoir passer ma vie à tes côtés. Figure-toi que mon mari m'a encore fait une scène !

Dupont, 2.

De D'Argnac, ça ne m'étonne pas, c'est un monstre, un ingrat, avoir une femme comme toi, et lui faire des scènes ; des scènes d'amour, je comprends. Et pourquoi, s'il te plaît ?

Angèle

Parce que j'ai commandé un collet de Chinchilla... croirais-tu qu'il refuse de le payer.

Dupont

Oh ! le muffle !

Angèle

Alors, j'ai profité de son absence pour venir te voir *(Câline)* car je t'aime, toi... tu sais.

Dupont, *à part.*

Elles m'aiment toutes !

Angèle

Je me suis dit : puisque mon mari me refuse mon collet de Chinchilla, tant pis pour lui. Dupont me l'offrira *(Câline)* pas que tu me l'offriras toi, mon gros chien, chien !

Dupont, *à part.*

Elle a une telle façon de demander les choses, qu'on ne peut vraiment pas lui refuser... *(Haut)* Oui, je te l'offrirai... à ta fête, ou au jour de l'an.

Angèle, *se montant, elle se lève passe 2.*

Vous êtes fou, ma fête était le mois dernier, et au jour de l'an je serai morte de froid, s'il faut que j'attende jusque-là... sacrifiez vous donc à un homme, mettez votre honneur entre ses mains, pour qu'il vous réponde lorsqu'on lui demande quelque chose « au jour de l'an. » Tenez, c'est vous qui êtes un mufle, et un pingre. *(Elle marche sur lui, ils gagnent le milieu de la scène.)*

Dupont, *cherchant à la calmer 1.*

Plus bas, je t'en prie... ma femme est là.

Angèle, *sur le même ton.*

Je m'en fiche .. oui, vous êtes un mufle, oui, un pingre ; mon mari lui je comprends qu'il me refuse, je suis sa femme, mais vous, vous à qui je ne coûte rien, vous qui n'avez que le plaisir, sans les charges, vous êtes un ingrat.

Dupont, *suppliant.*

Plus bas ! voyons, Angèle...

Angèle, *passant 1.*

Non, mais prenez donc un amant, encore s'il était jeune ou beau, mais non, il est vieux, il est laid.

Dupont, *protestant.*

Permettez !

Angèle

Je ne permets rien ; vous êtes vieux, vous êtes laid, et c'est à ça !!!

Dupont

A ça ?

Angèle

Oui à ça ! que j'ai sacrifié mon bonheur, pour ça que j'ai des remords, que ma vie est empoisonnée, que je risque mes jours.

Dupont

Hein ?

Angèle

Certainement, vous croyez que si M. D'Argnac nous surprenait il hésiterait à nous tuer, et voilà la récompense « au jour de l'an. »

Dupont, *se rapprochant.*

Voyons Gégèle, ne te fâche pas, tu l'auras ton collet, tiens, va le chercher. (*Fouillant dans sa poche.*) c'est combien ? 100... 150... 200.

Angèle, *furieuse.*

Il ne manquait plus que ça ! (*Passe 2.*)

Dupont, *1.*

Quoi encore ?

Angèle, *même jeu.*

Alors vous me prenez pour une grue, deux cents francs ; et c'est vous qui m'insultez de la sorte !

Dupont

Décidément je deviens fou, je l'insulte ?

Angèle

Vous me prenez pour une demi-mondaine, ou pour une danseuse du Moulin Rouge, dix louis comme à ces dames, oh ! j'en mourrais de honte ! (*Elle tombe sur le canapé la tête dans les mains.*)

Dupont

Je renonce à comprendre !

Angèle, *toujours assise.*

Et vous n'avez pas honte, vous ne tombez pas à mes genoux, pour me demander pardon de l'injure que vous venez de me faire... dix louis ! !

Dupont

Je ne vois pas !

Angèle

Vous ne voyez pas... (*A part*) Il est inconscient. (*Haut*) Alors je vous pardonne... c'est 3500 fr.

Dupont, *sursautant.*

Hein !

Angèle

3500, et encore il n'y a que le collet; je veux bien accepter de vous un cadeau, sans importance, c'est pourquoi je n'ai pas pris le manteau, qui est de 12000.

Dupont, *à part.*

Quelle veine !

Angèle, *câline.*

Allons, mon amour, vous ne voulez pas que votre maîtresse chérie vous fasse honte; ne vous faites pas tirer l'oreille.

Dupont, *à part.*

Les femmes qui ne coûtent rien, coûtent rudement cher... (*Haut*) Enfin, voilà... je... je n'ai pas la somme sur moi... demain si...

Angèle

Demain, demain, lorsque j'ai dit de me le garder jusqu'à 11 heures ; vous voulez donc qu'il soit vendu, jamais je ne retrouverai une occasion semblable !

Dupont, *à part.*

Heureusement !

Angèle

Allons, donnez-moi un chèque, je prends une voiture, et dans une demi heure, je suis ici, et alors, je vous récompenserai.

Dupont

Si nous allions tout de suite dans ma garçonnière. (*A part*) C'est toujours du temps de gagné.

Angèle

Non, je ne suis pas en train, tant que je n'aurai pas mon collet, je penserai à autre chose... Allons, mon amour... (*Elle le pousse vers le bureau.*)

Dupont, *s'asseyant au bureau.*

Voilà ! (*Il signe un chèque et le lui donne*).

Angèle

Tu es un ange... à tout à l'heure ! je viendrai te chercher. (*Elle remonte*)

Dupont

J'y compte (*Il l'embrasse, elle sort fond*) C'est autant de rattrapé... Dorénavant fini les femmes du monde, c'est trop cher. C'est dommage, elle est jolie, c'est la femme de d'Argnac, comme Chichinette est sa maîtresse... Ah ça ! que fait donc Perrin, lui qui est toujours à l'heure. (*Descend à droite.*)

SCÈNE VI

Dupont, Anatole.

Anatole, *entrant du fond, 1.*

Ah ! bonjour monsieur Dupont.

Dupont, 2.

Bonjour Anatole, vous êtes en retard. (*S'asseyant sur le canapé.*)

Anatole

Pardon, Monsieur, j'étais ici avant vous.

Dupont

Que voulez-vous dire !

Anatole

Que j'étais à mon bureau, avant que vous ne fussiez rentré.

Dupont

Vous dites ?

Anatole

Que monsieur Dupont a découché.

Dupont

Qui vous a dit ?

Anatole

Madame Dupont, qui est allée dans votre chambre, et s'est aperçue que le lit n'était pas défait !

Dupont, *se levant.*

Comment, elle est entrée dans ma chambre... mais que voulait-elle !

Anatole

Vous avez oublié la Sainte Sophie.

Dupont, *passant 1.*

Bigre, je comprends, tous les termes, le jour de l'an, et la Sainte Sophie je dois...

Anatole, 2.

Vous devez ?

Dupont, 1.

Faire mon devoir de mari,.. j'ai oublié la Sainte Sophie... elle n'a pas oublié, elle ! Et qu'a t-elle dit ?

Anatole

Que vous la trompiez, et avec une femme encore, après 20 ans de mariage, etc... Enfin, qu'elle allait se venger... œil pour œil.

Dupont

Elle a oublié de se regarder dans une glace !

Anatole

C'est ce que je pensais !

Dupont

Vous dites ?

Anatole

Moi, rien... c'est-à-dire que madame Dupont s'est enfermée dans sa chambre, en disant, que puisque vous aviez oublié tous vos devoirs, un jour de Sainte Sophie, vous pourriez pleurer, vous traîner à ses genoux etc... vous ne la verriez pas de toute la journée !

Dupont, *à part.*

Heureusement, après Chichinette... tout-à-l'heure Angèle... ah non je me récuse. (*Haut*) Si madame Dupont n'attend que ça, elle peut moisir dans sa chambre !

Anatole

Enfin, Monsieur, c'est mal, c'est très mal, tromper sa femme ! vous un moralisateur.

Dupont

C'est vous qui l'écrivez la morale, moi je signe, je n'ai jamais eu le courage de lire ce qu'il y a dedans.. et, puis si vous connaissiez !

Anatole, *s'approchant.*

Qui ?

Dupont

Le nom importe peu ; mettons « Amanda ».

Anatole, *dédaigneux.*

Une cocotte !

Dupont

Un cocotte !.. non, une femme entretenue, un ange, une perle... du reste, c'est la maîtresse d'un de mes amis !

Anatole

Monsieur Dupont, vous oubliez que c'est à moi que vous parlez...

Dupont

C'est juste, Monsieur la vertu, qui ne veut connaître l'amour que dans le mariage... légitime... tenez, vous ne savez pas ce que vous perdez, à ne pas avoir pour maîtresse, une petite femme comme Ch., comme Amanda. (*Passant 2.*) A propos ! il faut que je vous prévienne ; pour obtenir les faveurs de cet ange, j'ai dû lui promettre le mariage.

Anatole, *1.*

Hein ! mais vous êtes marié, vous voilà bigame !

Dupont, 2.

On promet toujours, mais on ne tient jamais.

Anatole

Mais, si elle vient vous relancer jusqu'ici

Dupont

Rien à craindre, je lui ai donné un faux nom. (*A part*) Inutile de lui dire que c'est le sien.

Anatole

C'est mal, Monsieur, très mal abuser ainsi une pauvre fille.

Dupont

J'ai aussi commandé quelques bijoux, on doit me les apporter ici, et comme je les des-

tine à Chi.... à Amanda, pour que ma femme ne se doute de rien, je les ai fait adresser à votre nom.

Anatole

Et la facture aussi ?

Dupont

Elle est acquittée ! il y en a pour 800 francs.

Anatole

Je respire .. *(A part)* Quelle drôle de manie il a de se servir des noms des autres.

Dupont

Ainsi, pas de gaffes, devant ma femme ! Allez donc voir si le courrier est arrivé.

Anatole

Ah ! Monsieur j'oubliais ; je dois me marier et...

Dupont, *sursautant.*

Hein ! vous marier ?

Anatole

Et mon futur beau-père doit venir vous demander des renseignements sur moi ; j'espère que.....

Dupont

C'est pas possible .. vous, vous marier. (*A part*) Ah ! mais non ! (*Haut*) Et vous dites que votre futur beau-père... bon, bon... allez chercher le courrier.

Anatole

Bien, Monsieur. *(Il sort fond.)*

SCENE VII

Dupont *seul, puis* **Anatole,** *puis* **Sophie.**

Dupont, *seul.*

Toi te marier, ah ! mais non, je te fais passer pour le Don Juan de Montmartre, et tu me resteras... tu m'es trop utile... grâce à ton nom, je puis faire mes farces, sans risques... s'il se marie, fini... ah non, non !.

Anatole, *entrant du fond, 1*

Monsieur, il y a une lettre pour vous, et une enveloppe pneumatique pour moi ! (*Il donne la lettre à Dupont*).

Dupont, *lisant 2.*

Bravo, Monsieur, pour la morale contenue dans votre dernier volume... tenez, c'est pour vous. (*Il la lui redonne*).

Anatole, *parcourant.*

Mon chou-chou... je t'aime... je t'adore... ma gueule en or. Signé C... (*A Dupont*) C'est pour vous, Monsieur.

Sophie, *entrant du 2ᵉ plan gauche.*

Il est là, le gueux... n'ayons l'air de rien... je tiens ma vengeance (*Haut*) Tiens vous avez reçu une lettre ? (*Elle descend entre eux*).

Dupont, *apercevant Sophie, à part.*

Gare la bombe! . (*Haut*) Oui, oui... c'est-à-dire... c'est pas moi, c'est Anatole.

Sophie, *2.*

Vous lisez la correspondance de votre secrétaire ! Faites voir ?

Dupont, *3.*

Ah ! non, c'est à Anatole et... ! ça n'a pas d'importance.

Sophie

Vous lisiez bien, vous !

Dupont

Moi c'est que !

Sophie

Puisque ça n'a pas d'importance.

Dupont

Pas d'importance, c'est un mot, c'est une lettre d'affaire, et Anatole me demandait conseil sur ce qu'il devait répondre... n'est-ce pas, Anatole ?

Anatole, *1.*

Oui... oui.

Dupont

Ma foi, je ne savais pas trop que lui dire !

Sophie

Je vais vous aider. (*Elle prend la lettre; chaque fois qu'elle va pour la lire Dupont l'interrompt.*)

Dupont

A propos, ma chère amie, je te prie de m'excuser, Anatole m'a dit?

Sophie

Vous a dit?

Dupont

Que tu étais entrée dans ma chambre, et que tu ne m'avais pas trouvé.

Anatole, *à part.*

Que va-t-il inventer ?

Dupont

Seulement, il aurait dû ajouter...

Sophie

Ajouter quoi?

Dupont

Que je venais de la quitter dix minutes avant, pour aller commander un cadeau pour la Sainte-Sophie.

Anatole, *à part.*

Il en a du toupet.

Sophie

C'est pour ça que votre lit n'est pas défait !

Dupont

Ah ! mon lit, n'est pas... je vais te dire, j'ai passé la nuit à travailler.

Anatole. *à part.*

De plus en plus fort.

Sophie

Et vous étiez tellement absorbé, à votre travail que vous avez oublié votre devoir ?

Dupont

Je n'ai rien oublié... mais c'est Anatole... n'est-ce pas, Anatole.

Sophie

Qu'est ce que Monsieur Perrin vient faire là dedans ! ?

Dupont, *à part.*

Je me le demande... (*A Sophie*) Ma chère Sophie, je te souhaite une bonne fête. (*Il veut l'embrasser*).

Sophie, *le repoussant.*

Oui, c'est entendu... laissez moi lire... «Mon chou chou, en me quittant ce matin tu m'as promis de venir faire ta demande officielle à ma mère ; elle t'attendra chez elle toute la journée... tu sais que je t'aime, ma gueule en or. N'oublie pas de passer chez Durand le bijoutier régler la facture ; je te fais envoyer un écrin que j'ai choisi moi-même, tu me l'offriras ce soir... A toi, mon aimé, signé C. » Qu'est ce que c'est qu'ça, C.

Anatole

Je ne connais pas.

Dupont, *à part.*

L'imbécile.

Sophie, *à Anatole.*

Vous ne connaissez pas ?.. vous niez !.. Oh ! j'y songe... où est l'enveloppe ?

Dupont

Mais.

Sophie

Voyons cette enveloppe ?

Dupont

La... la voilà, chère amie. (*Il la donne*).

Sophie, *lisant.*

Monsieur Perrin, chez monsieur Dupont... (*A Perrin*) Nierez-vous encore ?

Dupont, *à part.*

Quelle bonne idée j'ai eue de lui donner le nom d'Anatole.

Sophie, *à Anatole.*

Monsieur, vous êtes libre de vos actions, mais il me semble que lorsque vous avez des correspondances aussi volcaniques à recevoir, vous pouvez les faire adresser chez vous. Ce que je ne conçois pas, c'est l'indulgence de Monsieur. (*A Dupont*) Oui vous, un monsieur moraliste, proposé pour le prix Monthyon, d'avoir pour secrétaire un noceur, comme môssieur, et de lire ses lettres, ça vous amusait bien ! ? vieux débauché !

Dupont

Moi, pas du tout, du reste, tu as raison ; vous avez entendu. (*Passant 2*) Monsieur Anatole, à l'avenir vous recevrez votre correspondance chez vous ; je veux bien, eu égard à votre jeune âge, passer pour cette fois, mais n'y revenez plus, ou je me verrai forcé de me passer de vos services.

Anatole

Mais !

Dupont

N'oubliez pas, Monsieur, que vous êtes chez un moraliste.

Anatole, *à part.*

Elle est raide celle-là.

Dupont

Je vous laisse avec Madame à qui vous allez présenter vos excuses pour avoir reçu une correspondance, aussi... comment dirai-je... aussi décousue !

Anatole, *à part.*

Je crois que je deviens fou... (*Haut*) Mais...

Dupont

Silence, monsieur, au nom de la morale ! *A part*) Sors-toi de là, si tu peux... je vais répondre à Chichinette. (*Il sort 2e plan droite*).

SCÈNE VIII

Les Mêmes, *moins* **Dupont.**

Sophie, *minaudant, 2.*

Monsieur Anatole, maintenant que mon mari n'est plus, là soyez franc. Je ne veux pas vous faire de reproches, il faut bien que la jeunesse se passe ; je ne suis pas surprise que l'on vous aime (*A part*) Il est si beau. (*Haut*) Mais ce que je ne puis comprendre, c'est que vous, vous puissiez aimer des créatures semblables, et vous lui avez promis le mariage.

Anatole, *protestant.*

Ah mais non ! Madame je vous jure.

Sophie

Je sais, on promet et l'on ne tient pas, mais enfin, vous pouvez placer votre cœur un peu mieux ; il est des femmes honnêtes, qui seraient heureuses de vous témoigner de l'affection.

Anatole, *à part.*

Que veut-elle dire ?

Sophie

Et sans chercher bien loin...

Anatole

Mais...

Sophie

Voyons, qu'est-ce que c'est que cette demoiselle C... ?

Anatole

Mais je ne sais pas...

Sophie

Bon, vous la reniez, ma foi j'aime autant ça, vous avez honte. Promettez-moi de ne plus recommencer ?

Anatole

Je vous jure !

Sophie

Je vous crois !... Ah ! si vous regardiez près de vous, bien près... vous verriez une femme sérieuse, une femme comme il faut, qui se consume à petit feu...

Anatole, *à part.*

De qui parle-t-elle ?

Sophie

Et au lieu d'aller courir après des amours mensongères, vous y verriez l'amour sincère, l'amour pur, vous me comprenez, dites ?... Ce n'est pas le rôle de la femme de vous faire des avances, mais elle peut, elle doit vous ouvrir les yeux.

Anatole, *à part.*

Si j'y comprends quelque chose.

Sophie, *à part.*

Je vais aller faire un tour de promenade, pour me rafraîchir les idées. (*Haut*) Réfléchissez à ce que je viens de vous dire... nous en recauserons... (*Sur la porte*) Qu'il est bien, qu'il est bien ! (*Elle sort fond.*)

SCÈNE IX

Anatole, *seul, puis* **Chichinette.**

Je dois dormir encore moi, parlerait-elle pour elle ? Ce n'est pas possible, voyons onze heures ; Monsieur d'Argnac tarde bien d'arriver ; heureusement qu'une fois marié je ne resterai pas ici, j'en ai assez. (*On frappe*) Entrez...

Chichinette, *entrant du fond.*

Bonjour, Monsieur !

Anatole, 2.

Madame.

Chichinette, *1.*

Monsieur, je viens de chez l'éditeur du traité de Morale ; il n'y avait plus un seul exemplaire, alors je suis venue vous demander si vous, l'auteur, pouviez m'en céder un ?

Anatole

Comment donc, je vais vous en chercher un exemplaire, une minute. (*Il sort 2e plan droite.*)

Chichinette, *seule.*

Mon truc a réussi, maintenant que je suis dans la place à nous deux. Le traité de morale n'est qu'un prétexte, je veux avoir des renseignements sur Anatole Perrin, il m'a promis le mariage et je ne veux pas quitter D'Argnac sans être sûre de l'autre.

Anatole, *rentrant, un livre à la main.*

Voici, Madame, le volume ; vous verrez à la page 112 les devoirs de la femme.

Chichinette, *1.*

Dans un traité de morale, il est question de ça ; Ça doit être rigolo... Oh ! pardon je voulais dire, ce doit être épatant... c'est combien ?

Anatole

Un franc 75.

Chichinette

Est-ce vous l'auteur ?

Anatole

Oui, quoique...

Chichinette, *à part.*

Bon, c'est lui Dupont, le patron de Perrin... (*Haut*) Pardonnez-moi, Monsieur, si j'abuse de vos instants, qui sont précieux, je désire avoir quelques renseignements sur votre secrétaire ?

Anatole

Mais c'est...

Chichinette, *lui coupant la parole.*

Ne croyez pas qu'une vaine curiosité me fasse vous questionner sur M. Perrin.

Anatole

Mais c'est...

Chichinette, *même jeu.*

C'est un de mes amis qui m'a chargée d'obtenir de vous quelques renseignements sur M. Anatole Perrin !

Anatole, *à part.*

D'Argnac, sans doute... attends, tu tombes bien. (*Haut, il s'asseid au bureau, 1, Chichinette face à lui, 2.*) Je ne puis que vous donner sur lui les meilleurs renseignements ; c'est un garçon sérieux, distingué, ordonné, travailleur.

Chichinette

Vous êtes sûr?

Anatole

Je crois bien... c'est un modèle. Redites, Madame, à la personne qui vous a envoyée, que seul il est capable de rendre une femme heureuse...

Chichinette

Quel bien vous me faites, je craignais tellement que ce soit un coureur.

Anatole, *protestant.*

Lui, oh ! madame, c'est un modèle de toutes les vertus, probité, discrétion, honneur.

Chichinette

Comme vous le vantez.

Anatole, *se levant et gagnant le 2, en passant au-dessus du bureau.*

Pas du tout, c'est que, voyez-vous, pour moi, c'est plus qu'un ami, qu'un frère... c'est un second moi-même.

Chichinette, *toujours assise, 1.*

Voyons, sans le flatter, quel âge a-t-il ?

Anatole

Vingt quatre ans !

Chichinette, *se levant.*

Vous vous moquez de moi, il en a bien cinquante.

Anatole

Je vous le jure.

Chichinette

Je le connais bien.

Anatole

Vous le connaissez? (*A part.*) Pas tant que moi.

Chichinette

Il m'a promis le mariage.

Anatole

Ah ! mais non !

Chichinette

Ah ! mais si !

Anatole

Écoutez, Mademoiselle il y a erreur. (*On frappe, à part*). Bigre, c'est monsieur d'Argnac. (*Haut*) Mademoiselle, je vous en prie, entrez là 5 minutes. (*Il passe 1, et ouvre la porte 1er plan gauche.*)

Chichinette, 2

C'est la maîtresse.

Anatole

Non, c'est mon homme d'affaires. je vous en supplie !...

Chichinette

Je veux bien, nous reprendrons cette conversation tout à l'heure. (*Elle sort 1er plan gauche.*)

Anatole

Pourvu que monsieur d'Argnac ne la voit pas, que penserait-il ? (*Il ouvre la porte du fond..*

SCENE X

Anatole, d'Argnac.

D'Argnac, 2.

Eh bien ! Dupont est-il rentré ?

Anatole, 1.

Certainement, Monsieur !

D'Argnac

Prévenez-le que je suis là, que je suis pressé.

Anatole

J'y vais... (*Il sort, 2e plan droite.*)

SCENE XI

D'Argnac seul, puis Anatole, et Dupont.

D'Argnac, *seul.*

Chichinette n'était pas chez elle, sûrement elle me trompe. Ah ! si je connaissais le misérable... je lui couperais les oreilles. Elle, me tromper.(*Apercevant le parapluie de Chichinette*) Voilà un parapluie que je connais, est-ce qu'elle serait venue ici ?

Dupont, *suivi de Perrin entrent venant du 2ᵉ plan droite.*

Comment toi. (*A part*) Bigre et sa femme qui doit venir, saurait-il quelque chose ?

D'Argnac, 1.

Mon cher ami, je n'irai pas par 4 chemins.

Dupont, *s'asseyant sur le canapé. à part, 2.*

Je me sens mourir.

D'Argnac, *s'asseyant sur la chaise près du bureau.*

Ma fille aime ton secrétaire, ton secrétaire aime ma fille, je désire unir ces enfants ; mais Perrin a une mauvaise réputation, du reste contredite par mes renseignements particuliers ; toi seul peux apporter la lumière.

Dupont, *distrait.*

La lumière... Perrin, donnez donc une lampe...

Perrin, 3.

Une lampe, pourquoi faire ?

Dupont

D'Argnac demande la lumière !

D'Argnac

Mais non .. un éclaircissement ?

Dupont, *à part.*

Et sa femme que j'attends. (*Se levant. A d'Argnac*) Excuse-moi, mon ami, mais j'ai un mal de tête fou, si ça ne te fait rien nous reprendrons cet entretien un autre jour !

D'Argnac, *se levant.*

Un mot et j'ai fini.

Dupont

Tant mieux.

D'Argnac

Oui ou non, Perrin est-il le Don Juan de Montmartre.

Dupont

Ah ! c'est pour savoir si... Perrin, laissez-nous.

Anatole

Mais, monsieur.

Dupont

Laissez-nous, vous dis-je.

Anatole, *à part.*

Je vais écouter à la porte, pourvu que l'autre ne sorte pas. (*Il sort 2ᵉ plan droite.*)

SCÈNE XII

Dupont, 2.

Eh bien ! non, c'est pire !

D'Argnac, 1.

Que veux-tu dire.

Dupont

Tu ne peux pas lui donner ta fille, jamais il n'a !... (*Il lui parle bas à l'oreille*) Jamais.

D'Argnac

Pas possible !

Dupont

Tu comprends que tu ne peux lui confier le bonheur de ton enfant, il n'a pas fait ses preuves, et le jour du mariage tu devrais lui faire les recommandations que l'on fait à la mariée !

D'Argnac

Merci, tu viens de me rendre un service que je n'oublierai jamais... je vais lui dire deux mots !

Dupont

A propos, je voulais aller te voir, j'ai un petit service à te demander !

D'Argnac

Parle ?

Dupont

J'ai une échéance, et quatre mille francs me seraient nécessaires ; peux-tu disposer de cette somme ?

D'Argnac

Mais comment donc, les voici ! (*Il les lui donne*).

Dupont, *à part.*

Le collet est payé. (*Haut*) Je t'envoie Perrin, mais fais vite... (*Ouvrant la porte 2ᵉ plan droit*) Perrin, M. D'Argnac vous demande. (*A part, descendant à l'extrême droite*) Ah ! tu ne veux pas être Don Juan, eh bien ! sois Jeanne d'Arc ; en tous cas, tu ne te marieras pas.

SCENE XIII

LES MÊMES, Anatole.

Anatole, *venant du 2ᵉ plan droite, à D'Argnac.*

Eh bien ! monsieur ?

D'Argnac, *remontant.*

Eh bien ! vous avez dit vrai !

Anatole, *joyeux, 2.*

Alors dans quinze jours ?

D'Argnac

Que non pas... quand vous aurez fait vos preuves !

Anatole

Quelles preuves ?

D'Argnac

D'homme... moi qui croyais, et c'est tout le contraire. Au XXᵉ siècle, c'est un phénomène.

Anatole

Monsieur.

D'Argnac

Vos preuves d'homme. (*Il sort fond.*)

Anatole

Il faut qu'il m'explique. (*Il sort fond.*)

SCÈNE XIV

Dupont, *puis* **Angèle.**

Dupont, *seul.*

Je respire, moi qui avait la frousse que sa femme ne vienne pendant qu'il était là... Bonne journée, je suis rentré dans mon argent, et Perrin ne se mariera pas.

Angèle, *ouvrant la porte du fond.*

Peut-on entrer ?

Dupont, 2.

Toi, tu n'as pas rencontré ton mari ?

Angèle, 1.

Non.

Dupont

Il sort d'ici.

Angèle

Aurait-il des soupçons ?

Dupont

Il est venu me demander des renseignements sur Perrin, mon secrétaire.

Angèle

Comment, c'est ton secrétaire ? c'est raide ; c'est de son nom que tu signes tes lettres, je comprends pourquoi on l'a surnommé le don juan, c'est ton ouvrage...

Dupont

Viens dans ma chambre, nous avons à causer.

Angèle

Non je préfère dans ta garçonnière, je suis plus tranquille. (*Bruit dans la coulisse.*)

Dupont

Entre là quelques minutes. (*Il ouvre la porte 2ᵉ plan droite.*)

Angèle

Ciel, si c'était mon mari... où une faute peut-elle conduire.

Dupont

Au paradis ! (*Ils sortent 2ᵉ plan droite.*)

SCENE XV

Chichinette, *puis Sophie.*

Chichinette, *entrant du 1ᵉʳ plan gauche.*

Je n'entends plus rien, est-ce qu'il m'oublie là dedans, tout ça c'est pas naturel.

Sophie, *son chapeau sur la tête, 2.*

Je sens que je l'aime de plus en plus... tiens une dame.

Chichinette, 1.

Tiens, une vieille !

Sophie, *saluant.*

Madame !

Chichinette, *même jeu.*

Madame !

Sophie

Vous désirez, Madame ?

Chichinette

Mais vous-même ?

Sophie

Comment, moi ?

Chichinette

J'étais à l'instant avec Monsieur Dupont, il ne va pas tarder à revenir, si c'est lui que vous désirez voir ?

Sophie

Que dit-elle ?

Chichinette

Je vous fais les honneurs de la maison, puis qu'il n'y a personne !

Sophie

Ah ça ! qu'est ce que ça veut dire ?

Chichinette

Est-ce que vous connaissez Monsieur Dupont personnellement,

Sophie

J'vous crois !

Chichinette

Quel charmant garçon.

Sophie

Vous le connaissez beaucoup ?

Chichinette

Beaucoup, non, tout à l'heure je lui ai demandé des renseignements, sur Monsieur Perrin.

Sophie

Sur Perrin, et pourquoi ?

Chichinette

Pourquoi ?.. mais, parce qu'il m'a promis de m'épouser.

Sophie

Vous épouser ?.. (A part) Ah ! l'ingrat et moi qui... oh ! jen mourrai.

Chichinette

C'est dommage qu'il n'ait pas dix ans de moins .

Sophie, *à part.*

Il les lui faut au berceau. Si je pouvais embrouiller les cartes... (Haut) Vous connaissez beaucoup Monsieur Perrin ?

Chichinette

Je puis bien vous l'avouer, c'est mon amant !

Sophie

Hein ?

Chichinette

Oh ! mais en attendant seulement, car il doit m'épouser sous peu, il me l'a formellement promis cette nuit !

Sophie

Vous savez que c'est un coureur, un bon à rien.

Chichinette

Pas possible; Monsieur Dupont m'affirmait tout à l'heure qu'il avait toutes les qualités.

Sophie, *à part.*

De quoi se mêle-t-il (Haut) Ne vous faites pas d'illusions, il promet le mariage à toutes les femmes.

Chichinette

Mais c'est monstrueux, ça ne se passera pas comme ça !

SCENE XVI -

LES MÊMES, **Dupont**.

Dupont, *venant du 2e plan droite.*

Quel est ce bruit... Ciel, ma femme, et Chichinette.

Chichinette

Ah ! le voilà... (Passant n° 2.) Tenez madame, je vous présente Monsieur Perrin, mon futur mari.

Sophie, *1.*

Vous dites ?

Chichinette, *2.*

Monsieur Perrin, mon futur mari.

Dupont, *3, à part.*

Qu'est ce qui va se passer !

Sophie

Lui, mais c'est mon mari.

Chichinette

Hein, à d'autres.

Dupont, *à part.*

Je suis dans de beaux draps, et Angèle qui est là !

Sophie

C'est Monsieur Dupont, mon mari !

Chichinette

Pas de blagues. . lui Dupont... je le connais Dupont, c'est un jeune, j'ai causé avec lui, tout à l'heure !

Sophie

C'est trop fort. *(A Dupont)* mais répondez donc !

Chichinette, *même jeu.*

Oui, répondez donc, m'avez-vous promis le mariage, oui, ou non.

Sophie

Le misérable !

Dupont, *à part*

Comment faire ?

Chichinette

Cette nuit chez moi.

Sophie

Cette nuit... c'est là où il était cette nuit !

Dupont, *à part.*

Qu'est-ce que je vais bien dire ?...

Chichinette

Monsieur Perrin , voulez-vous répondre.

Sophie

Monsieur Dupont, vous êtes un monstre !

Chichinette

Je vous dis que c'est Perrin ?

Sophie

Je vous dis que c'est Dupont, je le sais bien, il y a vingt ans que je suis sa femme !

Dupont, *à part.*

Comment ça finira-t-il ?

SCÈNE XVII

Les Mêmes, Angèle.

Angèle, *venant du 2ᵉ plan droite.*

Que se passe-t-il ?. *(Voyant Sophie)* Bigre, sa femme.

Dupont, *à part.*

V'là l' bouquet !

Sophie, *1*

Comment, Angèle ici ?

Angèle, *4.*

Oui, j'étais avec votre mari, qui me donnait des renseignements sur Perrin, qui doit devenir mon gendre !

Chichinette, 2.

Comment, il va en épouser encore une autre ?

Sophie, *à Angèle.*

Tu tombes bien *(Passant)* (2) Qui est Monsieur?

Angèle

En voilà une question ; c'est monsieur Dupont, ton mari, quelle plaisanterie !

Sophie, *à Chichinette.*

Vous voyez, Mademoiselle !

Chichinette, *1.*

Mais enfin, je sais bien que cette nuit Monsieur m'a dit être Perrin, et m'a promis le mariage !

Angèle, *à Dupont.*

Ah! vous me trompez...

Dupont, *à Angèle.*

Je te jure...

Sophie

Voilà, Monsieur, ce qui arrive, lorsque l'on découche, vous vous êtes servi du nom de votre secrétaire, et aujourd'hui Mademoiselle veut le mariage, qu'avez-vous à répondre?

Dupont

Zut ! *(Il sort 2ᵉ plan droite.)*

Sophie

C'est trop fort, je fais ma malle, et je rentre chez ma mère. *(Sort 2ᵉ plan gauche.)*

Chichinette, *1.*

Heureusement qu'il me reste d'Arghac !

Angèle, 2.

Vous avez dit d'Argnac ?

Chichinette

Oui, un homme marié, mais qui casque ferme !

Angèle

Mais c'est mon mari !

Chichinette

Hein ! Gaffe, gaffe.

Angèle

Ah ! le gueux, le scélérat... je me vengerai !
(*Elle sort, 2ᵉ plan droite.*)

Chichinette

Je n'ai pas le mot heureux aujourd'hui, je perds le pseudo Perrin qui s'appelle Dupont, et D'Argnac ; faut que je me rattrappe sur l'autre, sur le petit... mais c'est le vrai Perrin, c'est donc lui le « Don Juan de Montmartre. » On vient, cachons-nous. (*Elle sort, 1ᵉʳ plan gauche.*)

SCÈNE XVIII

Anatole, *entrant du fond.*

. Celle-là elle est raide ; si vous êtes un noceur, me disait ce matin Monsieur D'Argnac, vous ne serez pas mon gendre. Maintenant il s'écrie, tant que vous ne serez pas coureur, vous n'aurez pas ma fille ; c'est à devenir fou... noceur ! c'est pas difficile, mais voilà je n'ose pas, dès qu'une femme me serre de trop près, ça me trouble, il faut surmonter ça !

SCÈNE XIX

Anatole, Chichinette.

Chichinette, *venant du 1ᵉʳ plan gauche.*

Pardon, monsieur...

Anatole, 2.

Madame, ah ! vous êtes encore là, pardonnez-moi je vous avais oublie...

Chichinette, 1.

Je sais tout ! !

Anatole

Tout, quoi ?

Chichinette

Que c'est vous, Perrin...

Anatole

Oui, eh bien !

Chichinette

Vous savez, ce que je vous disais, tout à l'heure, c'était de la frime, oui, à propos du mariage !

Anatole

Je m'en doute.

Chichinette

C'était pour vous faire causer... savez-vous que je parle souvent de vous !

Anatole

C'est beaucoup d'honneur !

Chichinette

Vous, le don juan qui faites tourner toutes les têtes.

Anatole

Encore cette légende... je vous assure...

Chichinette

Ne vous en défendez pas, votre nom est sur toutes les bouches, dans tous les cœurs.

Anatole

Mais !...

Chichinette

Il y a longtemps, que je désirais vous causer, en tête à tête, figurez-vous, que cette nuit... non j'oserai pas... faut-il le dire ?

Anatole, *à part.*

C'est une folle. (*Haut*) Dites toujours ?

Chichinette

J'ai rêvé de vous !

Anatole

Pas possible !

Chichinette

Tenez vous étiez là. (*Elle le fait asseoir*) J'étais comme ça sur vos genoux, (*Elle s'y met*) et vous m'embrassiez...là tenez, dans le cou,.. embrassez-moi, voir si c'est comme dans mon rêve !

Anatole

Ça devient intéressant... là. (*Il l'embrasse.*)

Chichinette

Non plus fort... plus fort. (*Elle le prend par le cou et l'embrrasse.*)

SCÈNE XX

Les Mêmes, D'Argnac.

D'Argnac, *entrant du fond sur la pointe des pieds.*

Que vois-je !

Chichinette, *sur les genoux d'Anatole.*

— Comme je t'aime, comme je t'adore... mon beau don Juan.

D'Argnac, *3.*

Ne vous gênez pas !

Anatole, *se levant 2.*

Monsieur d'Argnac !

Chichinette, *1.*

Lui !

D'Argnac

Vous allez bien, jeune homme, quant à vous, mademoiselle, allez m'attendre en bas.

Chichinette

Mon ami, je vous assure !

D'Argnac

Qu'il n'y a rien eu entre vous !

Anatole

Monsieur, je vous jure !..

D'Argnac

Vous, vous n'êtes qu'un polisson... descendez Mademoiselle, je vous suis.

Chichinette

Quelle déveine, ça marchait si bien. (*Elle sort fond.*)

D'Argnac, *2.*

Quant à vous, monsieur, m'expliquerez vous votre conduite, il n'y a qu'un moment, vous vous disiez sans tache.

Anatole. *1.*

Monsieur, je vous jure...

D'Argnac

Mensonge.

Anatole

Mais...

D'Argnac

Taisez-vous, vous mentez !..

Anatole

Je n'ai rien dit !..

D'Argnac

Vous mentez tout de même ; comment, dix minutes après vos serments, je vous trouve une femme sur les genoux, et quelle femme encore...

Anatole, *à part.*

Sa maîtresse !

D'Argnac

Voyons expliquez-vous... tenez, ne dites rien, vous allez mentir !

Anatole

Mais enfin comment faire, vous me croyez coureur, et me refusez la main de votre fille ; vous apprenez que je ne le suis pas, et vous me dites « faites vos preuves », eh bien ! c'en est une, de preuve !

D'Argnac

Oui, et trop évidente, et avec Chichinette en qui j'avais confiance, Chichinette, pour qui j'ai refusé un collet à ma femme, tenez, c'est dégoûtant. (*Il sort fond.*)

Anatole, *seul.*

Non décidément, je n'y ai pas la main, il n'y a qu'une femme à Paris, que je ne doive pas... et c'est justement celle-là oh ! zut ! zut ! zut !

SCÈNE XXI

Anatole, Angèle

Angèle, *à part, venant du 2e plan droite.*

Il me jure qu'il ne la connaît pas. (*Voyant Perrin*) Perrin, pourvu qu'il ne me voit pas !

Anatole, *1.*

Tiens, une femme, d'où sort-elle... mais c'est madame D'Argnac.

Angèle, *2.*

Monsieur Perrin, mon honneur est entre

vos mains, je me fie à votre galanterie, pour ne révéler à personne...

Anatole

Soyez sans crainte, madame.

D'Argnac, *à la cantonade*.

Ah ! Perrin... Perrin...

Angèle

Ciel, mon mari. *(Elle s'évanouit dans les bras de Perrin)*.

Anatole

Il ne manquait plus que ça !

SCÈNE XXII

LES MÊMES, D'Argnac.

D'Argnac, *entrant, 1*.

Chichinette m'a expliqué, la mignonne, je me disais aussi. (*Voyant Angèle dans les bras de Perrin*) Quoi, encore une femme, ah ! mon gaillard... Ciel ! la mienne !

Anatole, *2*.

V'là l'bouquet !

D'Argnac

Après ma maîtresse, ma femme, toutes alors, toutes, misérable, je vais te tuer.

Anatole, *toujours Angèle dans les bras*.

Pas de bêtises... je ne connais pas madame.

D'Argnac

Tu ne connais pas ma femme, vil suborneur, lâche larron d'honneur... attends un peu... (*Frappant dans les mains d'Angèle*) Il ose dire qu'il ne la connaît pas.

Anatole

Si, je connais Madame.

D'Argnac

Il avoue !

Anatole

Mais non !

D'Argnac

Il nie.

Anatole

Oui, et non, je connais Madame, mais pas comme vous pensez. (*Il dépose Angèle sur le canapé*).

D'Argnac

Ma femme la maîtresse de ce singe, et il a l'audace de me demander la main de ma fille... Chichinette, ma femme et ma fille.

Anatole

Faisons donc revenir Madame à elle, elle vous expliquera.

D'Argnac

Je vais chercher des sels chez le pharmacien. (*Il sort fond*).

Anatole

Comment tout ça va-t-il finir ?

SCÈNE XXIII

Perrin, Angèle, Sophie *puis* **D'Argnac.**

Sophie, *venant du 2e plan gauche*.

Monsieur Perrin, la concierge m'a remis tout à l'heure un petit paquet pour vous.

Anatole. *à part, se plaçant devant le canapé pour cacher Angèle*.

Bon la vieille, pourvu qu'elle ne voit pas Madame d'Argnac, (*Haut*). Merci, Madame... tiens qu'est-ce que c'est que ça. (*Il ouvre*) Un collier.

Sophie, *1*.

Oh ! les belles pierres ! (*Elle gagne à gauche.*)

Anatole, *à part*.

J'y suis, c'est pour le patron. (*Il suit Sophie.*)

Sophie, *1*.

C'est pour la Sainte-Sophie, que vous avez acheté ça, oh ! Perrin, mon bon Perrin, c'est trop, c'est trop. (*Elle tombe dans ses bras*).

D'Argnac, *rentrant, du fond, 3*.

Et de trois !

Anatole, *2*.

Hein !!

D'Argnac

Avec votre patronne maintenant... c'est trop fort, et sous le toit de son mari... vous êtes un être sans nom.

Sophie

Qu'y a-t-il ?

D'Argnac, *à Anatole*.

Pouah ! vous avez du courage...

Anatole

Monsieur, vous m'insultez.

D'Argnac, *à Angèle.*

Reviens à toi...

Angèle, *se soulevant, 4.*

Où suis-je ?

D'Argnac

Chez votre amant.

Anatole

Mais, Monsieur !

Angèle

Mon amant, où ça, mon amant...

D'Argnac

Expliquez-moi, madame, ce que vous faites ici.

Angèle

Je suis venue demander à Monsieur Dupont, des renseignements sur ce jeune homme. (*Elle passe 3*) Lorsque je vous ai vue sortir d'ici avec votre maîtresse, ça m'a porté un coup, je me suis évanouie.

Anatole, *à part.*

Très forte.

D'Argnac, *à Angèle.*

Ma chère amie, je vous jure...

Angèle

Ça suffit, j'ai vu !

Dupont, *venant du 2ᵉ plan droite, 5.*

Quel est ce bruit... bigre, pincé !

Angèle, *à Dupont.*

Monsieur, je vous remercie encore une fois de vos renseignements, ma fille sera très heureuse avec lui, dans quinze jours la noce.

D'Argnac, *avançant près d'Angèle.*

Mais !

Angèle

J'ai dit !

Chichinette, *entrant du fond, 5.*

J'en ai assez de poirotter en bas.

Anatole, D'Argnac, Dupont.

Chichinette !

Angèle, *à Chichinette.*

Vous demandez, mademoiselle, le don juan de Montmartre ; ne cherchez pas, tous les hommes sont des Don Juan ou tout au moins veulent-ils les paraître.

Dupont, *qui s'est approché de Sophie.*

Poupoule ! ?

Sophie

Il n'y a pas de poupoule.

Dupont

Pourtant ! ?

Sophie

Nous verrons ça à la Sainte Sophie prochaine.

Dupont

Dans un an ?

Sophie

Oui, monsieur, dans un an, ça vous apprendra à oublier votre devoir.

Dupont

Pendant un an je... (*A part*) Chouette, j'irai voir Chichinette... Don juan n'est pas mort.

RIDEAU

Vannes. — Imprimerie LAFOLYE. — 1902.

AUTEURS	TITRES DES ŒUVRES	Hommes	Femmes	Prix nets
L. Lefèvre	Dernier verre (Le)	2	1	4
F. Barbier	Deux amours de chandeliers	1	1	5 »
F. Matz	Deux avares (Les) d	2	1	8 »
Ch. Hubans	Deux coqs vivaient en paix	2	1	6 »
F. Gracia	Deux estafiers (Les)	2	»	2 »
Vallès-Garnier	Deux femmes de M. Grochose (Les)	3	2	loc.
M. Chautagne	Deux muses (Les)	2	»	4 »
F. Barbier	Deux parfaits notaires (Les)	2	»	4 »
Hervé-Lecocq	Deux portières pour un cordon d	3	»	4 »
Gribinski	Déveine (La)	2	2	loc.
Moreau-Boucherat	Diable au Moulin (Le)	4	8	loc.
Gramet-Talber	Doigt coupé (Le)	troupe	»	loc.
Léon Laroche	Domestique pour rire (Un)	1	1	4 »
Saint-Maurice	Doubles Vierges (Les) d	troupe	»	loc.
L. Bouvet-Lebreton	Drapeau du Régiment (Le)	5	4	loc.
Sourilas	Drapeau jaune (Le) d	4	2	4 »
Bouvet-Sevry	Dupont et Dupont	4	3	loc.
Dottin, Boulay-Layrice	Duriflard	5	2	loc.
L. Bouvet-Schmoll	Echange de bals	5	5	loc.
De Lannoy et Lions	Echarpe (L')	4	2	loc.
J. Domerc	Ecole buissonnière (L')	3	»	3 »
Yver-Septmons	Eh ! Ohé ! Ladrupette ! d	2	»	loc.
Trebla-Croisier	Elle ! d	4	1	loc.
Ed. Lhuillier	Elle débute ce soir	1	1	4 »
Delaruelle	El senor Piftardino	1	1	6 »
M. de Marsan	Empire du milieu (L')	3	2	loc.
Marsay	En colonne d	troupe	»	loc.
Lebreton-Moreau	Enfant des halles (L') d	3	2	loc.
Jallais Hubans	Enlèvement des Sabines (L')	troupe	»	loc
Guillemaud-de Marsan	Enfants d'Edouard (Les) d	2	3	loc.
Lebreton-Duroc	Enragés d	4	4	loc.
Villebichot	Entre deux jardins	1	1	4
Lebreton-Duroc	Entresol d'Eugène d	4	6	loc.
Garnier-Vallès	Erreur de Bridouille (L')	3	2	loc.
Banès	Escargot (L')	2	3	6 »
A. Pajol	Esprits d'Argenteuil (Les)	5	2	loc.
P. Pottier R. Dubreuil	Estime du Concierge (L')	2	1	loc.
D. Dihau	Eternel roman (L')	1	1	4 »
Dourel-Roydel-Tranel	Etrennes utiles	3	2	loc.
Garnier-Vallès	Exploits de Malicbard (Les)	6	4	loc.
L. Bouvet-Ch. Darantière	Extras de Balochard (Les) d	4	4	loc.
St-Paul-G. Rose, fils	Fais ça pour moi	3	2	loc.
F. Beauvallet	Faites le jeu, Messieurs d	3	1	loc.
Moreau-Gramet	Famille Nitouche (La)	3	4	loc.
Lebreton-Moreau	Farces du Printemps (Les) d	6	4	loc.
L. Bouvet, J. Sevry-Rosés	Fausses queues	6	4	loc.
St-Agnan Choler	Faut du prestige (vaud.) d	3	2	loc.
Lebreton-Duroc	Faut que j'casse la g. à Baptiste d	5	3	loc.
G. Rose père	Faux cols d'Oscar (Les)	1	2	1 »
De Lannoy-Lions	Félicité	2	2	loc.
Flers	Femina d	troupe	»	loc.
Ch. Gabet	Femme de Valentino (La) d	2	2	loc.
Moreau	Femmes qui fument (Les) D	7	8	loc.
F. Chaudoir	Fête à Claudine (La)	1	1	4 »
E. Duhem	Fête à M. le Maire (La)	5	2	4 »
Guillemaud	Feuille à l'envers (La)	4	3	loc.
G. Fortin - A. Doyen	Fiançailles de Toinette (Les) d	1	1	loc.
Dorfeuil-Bouvet	Fiancé des Nourrices (Le) d	4	5	loc.
Javelot	Fiancés berrichons (Les)	1	3	3 »
Soulié	Fiancés du bonnet de coton (Les)	1	1	5 »
L. Vasseur	Fichue idée d	2	1	5 »
Brigliano-Talber	Fichue situation d	4	4	loc.
Liouville	Fièvre phylloxérique (La)	3	2	4 »
Bertrié	Fille du charpentier (La)	3	1	5 »
Lebreton-Moreau	Fille du marin (La) d	8	7	loc.
Dourel, Roydel, E. Hervé	Filles de Corneville (Les)	4	7	loc.
Lebreton-Soudant	Filles de la Cantinière (Les) d	7	4	loc.
Lebreton	Filles du Charcutier (Les)	3	3	loc.
Lebreton-Moreau	Fils à Papa (Le) d	4	7	loc.
Lebreton-Moreau	Fils de Gouape	4	4	loc.
Chaulieu et Bataille	Fils de M. Alphonse (Le) (vaud.) d	5	2	loc.
Duroc-Mailfait	Five O'Clock de la Baronne	7	2	loc.
Villebichot	Fleuriste et typographe	1	1	5 »
Lebreton-Talber	Foire aux nichons (La) d	7	7	loc.
Pradels-Quinel	Fosse aux ours (La)	4	4	loc.
Lemonnier	Françoise les bas bleus d	troupe	»	loc.
Moreau-Soudant	Francs-tireurs de la mort (Les)	troupe		loc.
Lebreton-Beissier	Frangine (La) d	7	6	loc.
Lévy-Merset	Fantrognon d	8	11	loc.
Lebreton-Moreau	Frère de lait (Le)	1	2	4 »
Carin-Tomy	Friper's and Cᵒ d	5	9	loc.
Lebreton-Moreau	Friquet d	9	7	loc.
Cieutat	Furet (Le)	»	1	4 »
Moreau-Touzé	Gai gai mariez-vous !	4	3	loc.
Moreau-Darsay	Gaîtés du bastion (Les)	5	3	loc.
L. Bouvet et Arribat	Garçonnière de Dutocard (La)	3	3	loc.
Seraine	Garde champêtre de Corneville (Le)	1	»	1 »
Lebreton-St-Paul	Gontran se marie	3	2	loc.

AUTEURS	TITRES DES ŒUVRE	Hommes	Femmes	Prix.
Froyez-Colias	Grand Duc Moleskine (Le) d	6	6	loc.
Lefort	Grand papa de la chanson (Le) d	1	1	3 »
Rose fils et Ryvez	Greffeur (Le)	4	3	loc.
Lebreton-Blairat	Grenouille (La) d	4	2	loc.
Hervo-Merki	Grève des Boulangers (La)	5	»	1 »
Moreau-Marcus	Grève des facteurs (La)	2	2	loc.
M.-Brisac	Guerre aux hommes (La) d	6	7	loc.
Lebreton-Nicolaie	Gueule d'Or d	6	6	loc.
Lebreton-Moreau	Héritière des Carapattas (L') d	8	8	loc.
C. Roland-A. de Lorde	Hermance a de la Vertu, 2 actes d	2	1	loc.
Villebichot	Hirondelles de la rue (Les)	»	2	3 »
Rose fils	Homme explosible (L')	2	2	loc.
Lebreton-Blairat	Homme pâle (L') d	4	2	loc.
Lebreton-Duroc	Hôtel d'Artistes d	troupe	»	loc.
Lebreton-Duroc	Hôtel de Noblepanne d	4	4	loc.
St-Paul-Rose fils	Hôtel des Fantômes (L')	3	1	loc.
Jarantière et Bouvet	Hôtel du lac bleu (L') d	7	6	loc.
Dourel-Roydel-Jost	Hôtel modèle d	7	7	loc.
M. Barbé-de Téramond	Huissier des bons jours (l')	3	2	loc.
Antigeon-Dourel	Hypnotiseur malgré lui (L') d	3	2	loc.
Mize-Bernède	Idées de M. Coton (Les) d	3	2	loc.
C. Roland	Il était une fois d	1	1	loc.
Bessière-De Noter	Ile de Nénuphar (L')	5	2	loc.
De Lannoy et Lions	Indispensable (L')	2	2	loc.
Bricllet et Arnould	Invalide à la tête de bois (L')	7	2	loc.
Moniot	Jacotte	1	1	5 »
Liger-Aubrun	J'ai perdu Virginie	3	1	loc.
Nargeot	Jeanne, Jeannette et Jeanneton d	2	3	8 »
Michiels	Jefque et Trinne	1	1	4 »
St-Paul	J'en ai plein le dos	2	1	loc.
Lebreton-Soudant	J'épouse ma bonne d	5	4	loc.
A. Perronnet	Je reviens de Compiègne	»	1	4 »
Yvel	Jeune homme du Tunnel (Le) d	3	3	loc.
Bernicat	Jeunesse de Béranger (La)	3	1	6 »
Lebreton-Moreau	Jocrisses du mariage (Les) d	troupe	»	loc.
B. Lebreton	Joies du divorce (Les) d	troupe	»	loc.
L. Collin	Journée aux soufflets (La)	1	1	4 »
J. Férol	J'teux de sorts (Le)	7	4	loc.
Fransois-Derya	Jules d	1	1	loc.
Herpin	Ki-Ki-Ri-Ki d	troupe	»	loc.
Soudant	Lâchée	5	1	loc.
Desormes	Leçon de musique (La)	1	1	4 »
I. Clérice	Léda d	troupe	»	loc.
St-Paul	Leroy s'amuse	3	3	loc.
A. de Lorde	Lettre (La) d	1	2	loc.
Cazaneuve	Loi du pal (La) d	troupe	»	5 »
Barbé	Loup et l'Agneau (Le)	3	3	loc.
Herpin	Lune de Miel (La) d	troupe	»	loc.
L. Péricaud et Villemer	Lune de Miel normande	1	1	1 »
Moreau-Gramet	Ma Colonelle	2	2	loc.
Clairville fils	Madame la baronne d	1	1	4 »
Wachs	Madame le docteur	2	1	4 »
Tarnemo-Celval-du Théou	Madame Tubéreuse d	10	9	loc.
Lebreton-St-Paul	Mademoiselle le Docteur	3	2	loc.
V. Roger	Mademoiselle Louloute	2	2	5 »
C. Flévet H. Piquet	Magicien (Le) d	3	1	10 »
Bessière-Marinier	Maire et Martyr d	3	2	loc.
Talexy	Maître Grelot	3	1	7 »
Levavasseur	Major Baitapoil (Le)	3	4	loc.
Bouvet	Major Purjotin (Le)	4	3	loc.
Moyne-Jacoutot	Mamzelle Claudinette d	3	2	loc.
T'ar Nemo-Celval	Mamzelle Culot	troupe	»	loc.
De Lajarte	Mam'zelle Pénélope d	3	1	7 »
De Champelos-Jacquin	Mam'zelle Phryné	7	3	loc.
Fransois	Mandat (Le)	7	3	loc.
De Lorde-C. Roland	Ma Négresse	1	2	loc.
L. Bouvet et Dottin	Mannequin (Le)	3	2	loc.
Jan Pierre et Morelo	Manœuvre électorale	3	»	loc.
De Marsan	Mariage d'Agénor (Le)	5	5	loc.
Jouhaud	Mariages riches	1	1	3 »
Moniot	Marianne et Jeannot d	1	2	8 »
Tollet-Frot	Marié sans l'être	4	»	3 »
Moreau-Duroc	Maris jaloux (Les)	5	2	loc.
Simiot	Mariés de Nanterre (Les)	1	2	4 »
Beissier-Sciama	Mars et Vénus	3	2	loc.
Millou	Matinée du Prince (La)	4	5	loc.
Moreau-Boucherat	Médjidié (Le)	3	1	loc.
Gresset-Bernard	Méfiez-vous d'Oscar d	3	2	loc.
E. André	Melon (Le) (monologue saynète)	1	»	2 »
Moreau-Darsay	Ménage Poire (Le)	2	2	loc.
Desormes	Menu de Georgette (Le)	3	2	8 »
Ch Gabet	Mérite des femmes (Le) d	4	4	loc.
Soudant-Moreau	Mimi Vadrouille	troupe	»	loc.
P. Achard et P. de Pitray	Minuit et demi d	1	1	loc.
Lebreton-Moreau	Miss Kissmy d	5	5	loc.
Beissier	Miss Million d	troupe	»	loc.
Mayrargue	Modern Styl	2	2	loc.

AUTEURS	TITRES DES ŒUVRES	Hommes	Femmes	Prix nets
Jan Pierre et Morelo	Manœuvre électorale	3	»	loc.
Jouhaud	Mariages riches	1	1	3 »
Moniot	Marianne et Jeannot d	1	2	8 »
Tollet-Frot	Marié sans l'être	4	»	3 »
Moreau-Duroc	Maris jaloux (Les)	5	2	loc.
Simiot	Mariés de Nanterre (Les)	1	2	4 »
Beissier-Sciama	Mars et Vénus	3	2	loc.
Millou	Matinée du Prince (La)	4	5	loc
Moreau-Boucherat	Médjidié (Le)	3	1	loc.
Gresset-Bernard	Méfiez-vous d'Oscar d	3	2	loc.
E. André	Melon (Le) (monologue saynète)	1	»	2 »
De Marsan	Ménage Blésimard (Le)	3	2	loc.
Moreau-Darsay	Ménage Poire (Le)	2	2	loc
Desormes	Menu de Georgette (Le)	3	2	8 »
Ch Gabet	Mérite des femmes (Le) d	4	4	loc.
Soudant-Moreau	Mimi Vadrouille	troupe	»	loc.
P. Achard et P. de Pitray	Minuit et demi d	1	1	loc.
Lebreton-Moreau	Miss Kissmy d	5	5	loc.
Beissier	Miss Million d	troupe	»	loc.
Mayrargue	Modern Styl	2	2	loc
Bessier-Moreau	Môme aux Camélias (La) d	troupe	»	loc.
Bessière-Ruffier	Môme aux grands yeux (La) d	8	6	loc.
Chassaigne	Monsieur Auguste d	1	1	3 »
De Marsan	Monsieur Babolin	3	2	loc.
Paul Vallès	Monsieur Dutrognon	4	1	loc.
Garnier-Vallès	Monsieur ma belle-mère	2	3	loc.
L. Rivaux	Monsieur Pâtemolle	2	2	loc.
Lebreton-Moreau	Monsieur Sans Gêne d	troupe	»	loc.
G. Fortin A. Doyen	Mort par erreur	»	»	
Blairat-Neuzillet	Mouche (La) d	5	7	loc.
Moreau-Touzé	Mouche du Coche (La)	4	2	loc.
Pariot, Chanteclair-Cuvelard	Moulin d'Amour (Le) d	5	3	8 »
Joly	Myope et presbyte d	1	1	4 »
Desormes	Nègre de la Porte St-Denis (Le)	3	3	3 »
L. Dottin et G. Touzé	Nègre pour rire	3	2	loc.
Dorfeuil-Moreau	Nez de Cyrano (Le) d	troupe	»	loc.
E. Lhuillier	Nez enchanté (Le)	1	1	3 »
Lebreton-Blairat	Ninie la Rouquine d	5	3	loc.
Herpin	Noce à Grospoulot (La)	5	7	loc.
F. Barbier	Noce à Suzon (La)	1	1	4
E. Beissière-Noter	Noces de Lambiston (Les)	5	2	loc.
L. Collin	Noces d'or (Les)	2	1	5 »
Sachs-Damiens-Neuzillet	Nombrikatus 1er D	5	7	loc.
Moreau-Rivaux	Nommé Baluche (Le)	1	2	loc.
De Marsan	Non Lieu d	3	»	loc.
Bouvet-Darantière	Nos bons touristes d	5	4	loc.
Lebreton-Beissier	Nos Marsouins en Chine d	7	4	loc
Moreau-Gramet	Nos petites Chattes	3	3	loc.
Dorfeuil-Guillemaud-Duharnois	Nos pioupious d	6	4	loc.
Lebreton-Moreau	Nos voisins d	6	6	loc.
V. Roger	Nourrice de Montfermeil (La)	2	3	6 »
Ch. Gabet	Nouvel Achille (Le) (vaud.) d	5	1	loc.
Touzé Prud'homme	Nuit de Noces de Beauflanchet	6	4	loc.
Jacobi	Nuit du 15 octobre (La) d	3	1	6 »
A. de Lorde	Old Nubian's Black ! d	1	2	loc.
Rose père	Omelette au lard (L')	4	2	loc
Dédé fils	Oncle et Neveu	3	»	3 »
Louis Bouvet	Oncle Maboulin (L')	4	4	loc.
Marc-Sonal-Grébon	On demande des jolies femmes d	6	11	loc.
St. Paul	On parle Anglais	5	6	loc.
Bessière-Ruffier	Ordonnance Hezuchet (L')	2	2	loc
St-Paul-G. Rose, fils	Ordonnance malgré lui	3	2	loc.
Berthelot-Roland	Othello chez Thaïs d	4	10	loc.
Pacra Emmecé	Où est le père	8	4	loc.
Dufils	Paille et la Poutre (La)	»	2	6 »
Boulay-Layrice	Palmé D	4	5	loc.
Billemont	Pantalon de Casimir (Le) d	1	1	6 »
A. Petit	Par autorité de Justice d	7	9	loc.
L. Rivaux	Parachute (Le)	3	2	loc.
Dorfeuil-Moreau	Paris aux Courses d	troupe	»	loc.
Febvre-Gréhon	Paris sans tailleurs	7	7	loc.
F. Barbier	Par la fenêtre	1	1	4 »
Lambert-Lebreton	Par la Gymnastique d	2	2	loc.
Henry Moreau	Partie de Campagne d	troupe	»	loc.
Ed. Lhuillier	Pasquinette	1	1	3 »
Bénédite-Jaucourt	Pays Vierge (le) d	8	4	loc.
De Marsan	Peau Neuve d	3	3	loc.
Rose, fils	Peinture de talent	2	3	loc.
Moreau-Darsay	Pension Carabin (La)	5	4	loc.
L. Bouvet	Pensionnat St-Amour (Le)	4	4	loc.
Albert Lambert	Père Suroit (Le) d	3	1	loc.
Offenbach-Roques	Péri-Colle (Parodie de Périchole)	2	1	2 50
Lebreton-St-Paul	Péril jaune (Le)	2	2	loc.
Perrault-Maty	Perruche de ma femme (La) d	4	3	loc.
Tréblat-St-Cyr	Personne	2	1	loc.
Bouvet-Schmoll	Petit Assommoir (Le) d	6	6	loc.
B. Lebreton	Petit factionnaire (Le)	4	3	loc.
L. Collin	Petit Spahi (Le)	3	3	5 »
Lebreton-Moreau	Petite baronne (La) d	6	9	loc.
Linas	P'tite bête vit encore (La) d	1	1	4 »
Lebreton-Moreau	Petite colonelle (La) d	7	3	loc.
Gribinski	Petite Etoile	3	2	loc.
L. Bouvet-St-Paul	Petite Fifi (La)	3	3	loc.
Lebreton-Moreau	Petites Menichons (Les) d	troupe	»	loc.
A. Petit	Petits lapins (Les) d	4	9	loc.
Maurey et Jimbu	Petits Trottins (Les) d	5	6	loc.
Lebreton-Moreau	Petits Zouzous (Les)	troupe	»	loc.
J. Clérice	Phrynette d	5	9	5 »
Celval, Tarnemo Gibard	Pichard d	3	2	loc.
André	Picotin (Le)	1	2	
Lebreton-Beissier	Piston de Clémentine (Le)	3	2	loc.
Schmoll	Pitou	3	2	loc.
H. Alavoine	Plumechat et Cie d	4	6	loc.
H. Barbé	Plus que 1089 jours	3	»	loc.
F. Barbier	Points jaunes (Les)	1	1	5 »
Desfossez-Piccolini	Pommes d'amour (Les)	6	4	loc.
Cinoh-Verdellet	Pompier d'Endoume (Le)	troupe	»	loc.
Gresset-Bernard-Letorey	Pompier d'Ernestine (Le) d	2	2	loc.
Autigeon-Dourel	Poste restante 222 d	4	3	loc.
F. Barbier	Poupée automate (La)	1	1	5 »
St-Paul-G. Rose fils	Pour avoir la fille	4	3	loc.
Fay	Pour qui le gosse ?	2	3	loc
Lebreton-St-Paul	Pour qui votait-on ?	4	2	loc.
A. Lambert	Première brouille (La) comédie	»	1	loc.
Couturet	Premières amours d	4	1	loc.
F. Barbier	Premières armes de Parny (Les)	1	3	5 »
G. Rosefils-H. Ryvez	Prestige de l'uniforme (Le)	4	2	loc.
Moreau	Professeur de chant (Le)	1	1	3 »
De Ste-Croix	Pygmalion d	1	2	4 »
Lebreton	Quatre hommes et un Caporal	5	3	loc.
Garnier-Héros	Queue du Diable (La) d	troupe	»	loc.
Delilia-Héros	Qui va à la Chasse	1	1	loc.
L. Collin	Qui se dispute s'adore	1	1	3 »
Ch. Lecocq	Rajah de Mysore d	troupe	»	8 »
Villebichot	Réponse du Berger (La)	1	1	4 »
Millou	Repos du dimanche (Le) d	2	1	loc.
Moche	Retour de Colombine (Le)	2	1	4 »
Jacoutot	Retour de Kerdrec (Le)	2	1	4 »
Meugé	Retour de Margotte (Le)	1	1	4 »
L. Collin	Retour de Musette (Le)	1	1	4 »
Autigeon-Dourel	Revanche de Verluisant (La) d	5	2	loc.
De Marsan	Revenant de la rue de la Pompe (Le)	5	5	loc.
Autigeon-Dourel-Roydel	Revenants (Les) d	3	3	loc.
Marsèle-A. de Lorde	Rêves d'un soir	1	1	loc.
Lebreton	Revue à l'envers (La)	4	4	loc.
St-Paul	Revue interdite	4	4	loc.
Guillemaud	Rien des Agences d	3	2	loc.
Lhuillier	Risette	»	1	1 »
Ch. Thony	Robes et Manteaux d	5	9	loc.
F. Chaudoir	Roi Claquette (Le) d	3	3	6 »
Yvel et Briollet	Roi Koku (Le)	troupe	»	loc.
Desormes	Roland furieux	3	1	5 »
L. Desormes	Romance impossible (La)	2	»	2 »
Busnach	Rosière de Valentino (La) d	2	3	loc.
Michiels	Rosière d'Interlaken (La)	1	1	4 »
Ch. Gabet	Ruy Black (v) d	7	6	loc.
Claments	Saint-Yvon (La) d	2	1	5' »
L. Rivaux	Sacré jour de l'an	6	3	loc.
L. Bouvet-G. Arribat	Sacré Jules	2	2	loc.
Briollet-Tinant	Sacré Vermillon	3	3	loc.
L. Dottin	Sauvage malgré lui	3	2	loc.
Ch. Lecocq	Sauvons la caisse d	1	1	6 »
Malrat-Febvre-Bonnamy	Septième Escouade (La) d	8	7	loc.
Darantière-Bouvet	Sergent Sans-Souci (Le) d	6	6	loc.
R. Planquette	Serment de Mme Grégoire (Le)	1	1	8 »
Lebreton-Soudant	Serment du marin (Le) d	4	2	loc.
Lebreton-Moreau	Signe de Léda (Le) d	8	8	loc.
Ouvier	Simone et Boquillon	2	1	5 »
Lebreton-St Paul	Singeries de l'Amour (Les)	5	5	loc.
Lebreton-Duroc	Soir de Noce d	4	4	5 »
Maillait	Soirée bourgeoise	2	2	loc.
Leserre	Soirée d'amateurs ... pochade	5	»	1 »
Lebreton-Moreau	Soldat !	5	5	loc.
H. Gilbert	Son Amant	2	1	loc.

AUTEURS	TITRES DES ŒUVRES	Hommes.	Femm.	Prix nets
Bernard-Gresset	Souffleur par amour d	3	1	loc.
Meyan	Soupirs du cœur	3	2	4 »
Briollet-Tinant	Source merveilleuse (La)	4	2	loc.
Damaré-P. Laurey	Sous-Préfet de Pézenas (Le)	4	2	loc.
Ch. Malo	Souviens-toi de Clémentine	2	1	4 »
Moreau-Darsay	Spiritisme des Familles	4	4	loc.
Tac-Coen	Suzette, Suzanne et Suzon	1	3	loc
C. Roland et P. Berthelot	Symphonie en Jaune mineur d	1	1	loc.
Levavasseur	Tante d'Amérique (La)	3	3	loc.
C. Roland	Ta pomme, Paris	3	10	loc.
Wachs	Tata chez Toto	2	1	4 »
Lempereur et Primard	Témoin (Le)	3	1	loc.
Lambert-Lebreton	Terre-Neuve d	3	5	loc.
Saint-Paul	Terrible affaire	3	2	loc.
Marc Sonal	Théophile	2	1	loc.
Chassaigne	Toc	2	2	loc.
Hervé	Toinette et son carabinier	2	1	5 »
Bessier-de Gorsse	Tonton d	3	3	6 »
Blanchard de la Bretesche	Torero de Lolotte (Le)	5	5	loc
Wachs	Totor et Titine	1	1	loc.
Hubans	Tour de Moulinet (Le) d	2	1	8 »
Bouvet-Febvre	Tournée Cabotin (La)	3	3	loc.
Cartier	Train des Maris (Le)	2	2	4 »
Moreau-Duroc	Tranquil'hôtel	5	4	4 »
Moreau-Darsay	Trente mille francs par an	2	2	loc.
Lebreton-Moreau	Treize jours d'un Parisien (Les) d	troupe	»	loc.
Lebreton-Moreau	Treizième spahis (Le) d	troupe	»	loc.
..u. Gabet	Trésor des Dames d	2	1	loc.
Lebreton-Moreau	Trio de troupiers d	7	5	loc.
H. Gilbert	Triple alliance (La)	5	2	loc.
B. Lebreton - J. Lebreton	Trois Cousins (Les) d	5	3	loc.
Lebreton Téramond	Trois Gosses (Les)	4	4	loc.
Bouvet	Trois hercules pour une femme	3	2	loc.
Bessière	Troisième du trois (La)	6	6	loc.
Lebreton-Moreau	Trois Maçons (Les) d	4	2	loc.
Rose fils & Ryvez	Trouvez un père	4	5	loc.
Gribinski	Truc au trottin (Le)	4	3	loc.
Guillemaud-de Marsan	Truc de Binochet. (Le)	3	2	loc.
Lambert-Lebreton	Truc du Pharmacien (Le)	4	1	loc.
L. David	Tu l'as voulu d	3	1	6 »
Héros-Jost	Tzigane dans les Ménages (La) d	troupe	»	loc.
Javelot	Un amour d'épicier	2	1	4 »
Bessière	Un attentat au bois	2	2	loc.
Cardet-Lannoy	Un bon ami	2	1	loc
D. Fay	Un bon tuyau	9	4	loc.
P. Henrion	Un charcutier dans les fers	1	1	4 »
Chassaigne	Un Coq en jupons	1	1	4 »
Banès	Un do malade	2	1	5 »
Wachs	Un domestique pour rire	1	1	4 »
Moreau-Gramet	Un dragon pour deux	3	2	1 »
L. Roy	Un épicier peu commode	4	2	loc.
G. Laurens	Un futur sur le gril	2	1	4 »
Ch. Malo	Un gendre à poigne	2	2	5 »
H. Levavasseur	Un grand criminel	4	2	loc.
Pericaud	Un hercule qui ne veut pas se rouiller	2	1	4 »
St Paul	Un jour d'audace	4	2	loc.
Cambillard	Un mariage à la force du poignet	1	1	3 »
Ch. Malo	Un mariage au flageolet	1	1	4 »
Dauphin	Un mariage en Chine d	4	1	6 »

AUTEURS	TITRES DES ŒUVRES	Hommes.	Femm.	Prix nets
F. Bernicat	Un mari à l'essai	1	1	4 »
Pericaud	Un mari en grande vitesse	3	1	4 »
Moreau-R. Parault	Un mari somnambule	2	2	loc.
L. Collin	Un mauvais conscrit	2	»	4 »
Blanchard de la Bretesche	Un mois de clou d	3	2	loc.
B. Lebreton-St-Paul	Un Oncle pour deux	3	2	loc.
Chassaigne	Un 1er jour de ménage	1	1	4 »
Mayrargue	Un Sauvetage	3	3	loc.
F. Barbier	Un souper chez Mlle Contat	»	2	5 »
Bernicat	Une aventure de la Clairon	2	2	5 »
Lebreton-Blairat	Une Consultation d	4	3	loc.
Garnier-Vallès	Une Corbeille de Noce	5	3	loc.
E. André	Une drôle de Marquise	2	1	3 »
Claments	Une étoile d'antichambre d	2	1	5 »
Jouhaud	Une femme du quart de monde	2	1	4 »
Villebichot	Une femme qui bégaie d	3	2	6 »
L. Roques	Une femme tombée du Ciel	1	1	5 »
Villebichot	Une fille à trucs	3	1	4 »
Liouville	Une fille en loterie	2	1	4 »
Touzé-Monjardin	Une intrigue chez les Mouchamiel	2	1	loc.
Desormes	Une lune de miel normande	1	1	4 »
L. Collin	Une mariée sans mari	1	1	4 »
Ed. Lhuillier	Une marine à la vapeur	1	1	3 »
Desormes	Une mauvaise connaissance	3	2	5 »
Moreau-Darsay	Une mauvaise nuit	2	2	loc.
Moreau-Dorfeuil	Une nuit de Paris d	troupe	»	loc.
Bouvet-G. H.	Une nuit chez les Grafouillot d	4	3	loc.
Duhem	Une partie à Robinson	2	2	4 »
L. Martin	Une partie de pêche	5	4	loc.
Wachs	Une pleine eau à Chatou	2	1	4 »
Bernicat	Une poule mouillée	1	1	4 »
Lebreton-St-Paul	Une Rosserie	2	2	loc.
De Paniagua	Une sale Histoire d	3	2	loc.
Chassaigne	Une table de café	2	»	4 »
Robillard	Une tempête conjugale	1	1	4 »
Liger-Aubrun	Urticaire (L')	4	1	loc.
Habrekorn-Latourette	Vache à Palu (La) d	4	1	loc.
R. Planquette	Valet de cœur (Le)	1	1	4 »
St-Paul	Vase de Soissons (Le)	3	2	loc.
J. Walter	Végétariens (Les) d	7	2	loc.
Robillard	Vengeance de Ramolli (La)	2	1	4 »
L. Roques	Vénus infidèle (Retour de mars) d	1	2	4 »
Autigeon	Vie de garçon (La) d	6	16	loc.
Lebreton-Moreau	Vierges du chahut (Les) d	5	0	loc.
Bouvet-Arribat	Vieux, le Melon et le Rat (Le)	4	3	loc.
Desgranges	Vieux Sorcier (Le) d	3	2	6 »
Moreau	Villa des Gaffes (La). d	6	6	loc
Lebreton-St-Paul	Vingt-cinq minutes d'arrêt	2	2	loc.
Burani-Planquette	Vingt-huit jours de Champignolette d	6	4	loc.
Vallès-Talber	Vingt-huit jours de Gorenflot (Les)	7	3	loc.
Ratcée-Bordeaux	Vive la Classe d	6	8	loc.
Normand-Vallès	Vive les Bleus	7	4	loc.
Lebreton-Moreau	Vocation d'Isoline (La)	1	2	5 »
Jacobi	Voilà l'plaisir, mesdames	1	1	4 »
Ch. Hubans	Voiture à vendre d	2	»	4 »
Lebreton-Moreau	Volontaire de 92 (Le) d	7	2	4 »
Tac-Coen	Volontaire et vivandière	1	1	4 »
P. Talber-Delattre	Volupté des dames (La)	4	3	loc.
Guy-Nory-Marius	Zidore d	6	7	loc.